AF313262

SENTIMENT

DES

JESUITES

TOUCHANT

LE PECHÉ PHILOSOPHIQUE.

TROISIÈME LETTRE.

A PARIS,

Chez la Veuve de SEBASTIEN MABRE-
CRAMOISY, Imprimeur du Roy,
ruë Saint Jacques, aux Cicognes.

M. DC. XC.

AVEC APPROBATION ET PRIVILEGE.

LETTRE
A UN HOMME
DE LA COUR.

Monsieur,

Ne parlons plus du Professeur de Dijon : ses Ecrits ne font déja que trop de honte à ceux qui se sont les premiers avisez de les citer. Mais voicy une affaire bien plus importante pour les Jesuites. Ce n'est pas un Particulier seulement, c'est le Corps entier que l'on accuse de la nouvelle héresie ; & cette accusation est fondée sur ce que les

4

principes de la doctrine des Jesuites les engagent, dit-on, neceſſairement à ſoûtenir que la pluſpart des *pechez* (je parle des plus énormes pechez) ſont purement *philoſophiques* : pechez contre la raiſon, mais qui ne ſont nullement perdre la grace ; pechez qui offenſent les hommes, ſi vous voulez ; mais dont Dieu ne ſe tient point offenſé, & qui ne méritent pas un chaſtiment éternel.

Plus ce reproche eſt odieux, plus il merite d'eſtre éxaminé. Et d'abord il faut voir quels ſont les principes que l'on ſuppoſe eſtre liez à une ſi abominable conſéquence. Aſſeûrément il n'auroit pas eſté facile de les trouver, ſi l'Accuſateur des Jeſuites n'avoit pris ſoin de les marquer luy-meſme dans l'article qui a *Nouv. héréſie, art. 2. pag. 7.* pour titre, *Par quels degrez les Jeſuites ſe ſont engagez dans cette nouvelle héréſie des Pechez Philoſophiques.* Les voicy donc ces degrez & ces principes funeſtes qui menent droit au Peché Philoſophique. Prenez y bien garde, s'il vous plaiſt :

5

Je les mettray dans les propres termes dont l'Accufateur s'eſt ſervi.

Le premier ſelon luy, eſt la *fauſſe
idée que* les Jeſuites *ont conceûë de
la miſericorde de Dieu . . . . d'où eſt
né* LE DOGME DE LA GRACE
SUFFISANTE *donnée générale-* Pag. 7. & 8.
*ment à tous les hommes, fidelles &
infidelles, juſtes & pecheurs, aveu-
gles & endurcis.*

Le ſecond eſt la maniere dont ils
expliquent la Rédemption de Jeſus-
Chriſt. *Ils ont crû,* dit-il, *que l'on* Pag. 8.
*ne pouvoit dire avec Saint Paul &
avec l'Egliſe, que Jeſus - Chriſt eſt
mort pour tous, & qu'il eſt le Rédempteur de tous, ſi tous les hommes ſans
exception, ne recevoient* DES GRA-
CES SUFFISANTES *pour eſtre
ſauvez par l'application actuelle de ſon
ſacrifice & des mérites de ſon ſang.*

Le troiſiéme & le dernier eſt le
dogme de la Liberté. *Enfin* (pourſuit Pag. 8.
l'accuſateur des Jeſuites) *ils ſe ſont
imaginé qu'à moins que le pecheur
n'ait pour faire le bien autant de pouvoir & de force qu'il en a pour faire*

le mal, on ne pouvoit sauver sa li-
berté, & que c'estoit approcher de l'hé-
résie de Calvin qui a enseigné que le
libre arbitre est peri dans l'homme par
la corruption de la Nature, que d'a-
vancer qu'il n'a pas toûjours DES
GRACES SUFFISANTES.

Il me seroit fort aisé, Monsieur, de vous montrer combien la doctrine des Jesuites sur tous ces points est falsifiée dans le Libelle du Dénonciateur; mais le sujet ne le demande pas; puis qu'aussi-bien ce n'est pas là-dessus qu'il les attaque maintenant. L'erreur essentielle & fondamentale dont ils sont aujourd'huy accusez par rapport au Peché Philosophique, est de tenir des graces suffisantes dont l'homme empesche l'effet, & qui ne produisent point la bonne action pour laquelle Dieu les luy avoit données. Or il est vray, & les Jesuites ne prétendent pas le dissimuler, qu'ils en admettent de cette sorte. Bien davantage, ils les supposent tellement necessaires, que si elles avoient tout-à-fait manqué

7

du cofté de Dieu, l'homme ne pourroit eftre coupable d'avoir violé un precepte ; & c'eft-là, felon le Dénonciateur, le principe de la nouvelle héréfie. Car prenez garde à la maniere dont il fait raifonner les Jefuites.

Pages 14. & 15.

La grace renferme toûjours une bonne penfée : donc lors qu'il n'y a eû nulle bonne penfée, il n'y a eû nulle grace. Or, où il n'y a point eû de grace, il n'y a point eû d'offenfe de Dieu : donc il ne fçauroit juftement fé tenir offenfé de tous les crimes qu'un Infidelle, ou un Chrétien commettent fans aucune bonne penfée.

Voyez encore pag. 10.

Hé bien, Monfieur, découvrez-vous maintenant la fource de noftre nouvelle héresie ? La reconnoiffez-vous cette doctrine fi impie du Peché Philofophique defcenduë en ligne directe du dogme de la grace fuffifante ? En vain tous les Docteurs Catholiques qui ont défendu l'Eglife contre Luther & Calvin, ont foutenu ce dogme non feulement

A iiij

comme tres-orthodoxe, mais de plus comme abſolument neceſſaire pour prouver la poſſibilité des commandemens de Dieu, la liberté de l'homme, & la rédemption de Jeſus-Chriſt. Malgré tout cela les Jeſuites ne laiſſent pas d'eſtre hérétiques, parce qu'ils tiennent des graces ſuffiſantes, & ils ſont encore plus hérétiques que Luther & Calvin.

Parlons ſérieuſement, Monſieur, noſtre nouvelle héréſie ne vient que de ce que nous ne ſommes point Janſeniſtes. Pour peu que nous vouluſſions nous relaſcher ſur les intereſts de l'Egliſe, on n'auroit nul reproche à nous faire, & nous redeviendrions tout d'un coup les meilleurs catholiques, & les plus honneſtes gens du monde.

J'aime l'Auteur du Libelle, de ce qu'il eſt homme ſans façon. Quelque autre du meſme parti auroit pris de grands détours pour nous amener à ſon but : celuy-cy ne ſçait ce que c'eſt que de tant biaiſer.

9

Croire que fans la grace fuffi- *Pag. 1.*
fante Dieu feroit aux hommes des
commandemens impoſſibles ; qu'on
ne pourroit fauver la liberté de ceux
qui pechent ; que Jeſus - Chriſt ne
feroit pas le Rédempteur de tous :
voilà, felon luy, les fources empoi-
fonnées qui ont corrompu les Jefuites à un point qu'on ne ſçauroit
plus les fouffrir. A moins qu'ils ne
renoncent à tout cela, il leur eſt
impoſſible de ne pas tomber d'une
héréfie dans une autre encore plus
infame & plus monſtrueufe. Car
c'eſt une grande & terrible vérité, *Pag. 7.*
dit - il, *que plus on s'attache à de*
méchans principes, plus on s'égare à
mefure qu'on avance & qu'on vient
à vouloir étendre ces principes ; ou
qu'on veut parer aux inconveniens
qu'on y découvre, ou enfin qu'on veut
faire voir toutes les conféquences qui
en fuivent naturellement.

Ne m'avoûërez-vous pas, Monfieur, que cette liaifon inféparable
entre la grace fuffifante & la nouvelle héréfie du Peché Philofophi-
A v

que, doit faire aux Jesuites un ex-
tréme plaisir? Sans cela peut-estre
auroient-ils eû assez de peine à se
tirer d'affaire; mais à present ils font
trop forts. Car enfin, s'il faut admettre cette hérésie, ou renoncer à
cette Grace, voilà les Papes, les Car-
dinaux, les Evesques, & sur tout, les
Prelats de France, la Sorbonne, &
tous les Théologiens orthodoxes
engagez aussi avant que nous dans
l'affaire du Peché Philosophique:
il faut qu'ils en répondent eux-
mesmes, ces Juges & ces Maistres
de la doctrine, eux qui se sont si
hautement déclarez en faveur de la
Grace Suffisante.

Qui l'auroit crû, lors qu'on voyoit
il y a trente-cinq ans les erreurs de
Jansenius frappées des anathêmes de
l'Eglise, qu'elles deviendroient un
jour les articles principaux de la Religion Catholique? mais qui se seroit
jamais imaginé, qu'afin d'obliger les
Jesuites à les recevoir, on oseroit les
citer devant les mesmes Puissances
qui ont conspiré ensemble avec tant

12

de zele pour exterminer & pour
éteindre ces erreurs; tandis que celuy qui implore aujourd'huy l'auto-
rité du Pape & des Evefques, des
Princes & des Magiftrats, eft encore
à s'y foumettre?

Ce n'eft plus cependant par des
artifices & en prenant des voyes dé-
tournées qu'il prétend en venir là.
C'eft en déclarant avec hauteur &
en termes formels, que la doctrine
des Jefuites touchant la poffibilité
des commandemens de Dieu, la ne-
ceffité de la grace fuffifante, & la
mort de Jefus-Chrift pour tous les
hommes, eft le principe neceffaire
de l'héréfie du Peché Philofophique.
Et puis on dira qu'il n'y a plus de
Janfeniftes au monde; ou plûtoft,
qu'il n'y en a jamais eû; que cette héréfie eft un phantôme, qui ne
fubfifte que dans la tefte des Jefuites.
Vous mefme, Monfieur (fouffrez
que je vous en faffe fouvenir) vous
mefme avez efté des premiers à nous
dire qu'il falloit demeurer en paix,
& laiffer tomber tous ces libelles &

ces ouvrages du parti , quoy qu'on vous dift qu'ils eftoient pleins de fentimens tres-pernicieux : tout cela , difiez-vous, fe détruira de foymefme. On s'eft teû, Monfieur, & ils n'ont point ceflé d'écrire. Le monde rempli de leurs livres s'eft prefque accouftumé à leur langage, & maintenant il faut ou l'admettre ou paffer pour héretique.

Peut-eftre n'eft-il pas mauvais que cela foit arrivé ainfi. Car au moins les Jefuites dans la néceffité où vous voyez qu'on les met de fe juftifier, ne pafferont pas pour des gens qui cherchent querelle, & qui ne fçauroient demeurer en repos : & on peut croire que les perfonnes les moins éclairées s'appercevront enfin, de ce que les autres ne découvroient déja que trop, que tout eft à craindre d'un parti qu'on regarde comme diffipé, & incapable de nuire.

Je ne fçay fi jamais l'enteftement de ces Meffieurs a efté plus vifible que dans cette rencontre. Car de bonne foy, Monsieur, qu'est-ce que la Grace Suffisante a de commun avec le Péché Philosophique? Les meilleurs amis du Dénonciateur ne luy ont-ils pas sceû mauvais gré d'avoir fait entrer le Jansenisme comme par force dans une matiere où il ne devoit point naturellement trouver sa place?

Quel pitoyable raisonnement, que de dire qu'un libertin n'a point eû de grace suffisante, parce qu'il a commis son crime sans penser à Dieu ! comme si une malheureuse habitude d'étouffer toutes les bonnes pensées, luy estoit une preuve qu'il n'en a eû aucune. Qu'estoit-il donc besoin de se jetter dans une pareille question? pourquoy envelopper dans un démeslé particulier l'Eglise universelle, & fournir aux Protestans un prétexte si plausible de luy insulter. Car que n'ont - ils pas sujet de dire, s'il est vray, comme le Dénonciateur le prétend, que la Grace Suffisante traisne aprés soy l'hérésie du Péché Philosophique?

Quelle joye pour M. Jurieu de voir tous les Docteurs Papiftes convaincus par un de leurs Confreres d'une auffi grande corruption dans un point capital de Religion?

Auffi avec quel empreffement le Miniftre a-t-il adopté le Libelle du Janfenifte, en le faifant luy-mefme imprimer parmi fes propres ouvrages? Il a eû droit certainement d'en agir de la forte. Les Partifans de l'Evefque d'Ypres ont trop pillé Calvin & fes difciples, pour trouver mauvais que ceux-cy ufent à leur tour de reprefailles, en ayant une auffi belle occafion. Mais l'Auteur du Libelle n'eft-il pas bien coupable de la leur avoir donnée? Comment pourra-t-il dire aprés cela, que ce font les feuls intérefts de la Religion qui l'ont porté à écrire? Que ne fe bornoit-il donc à déclamer contre la doctrine du Péché Philofophique, telle qu'il l'a reprefentée dans fon écrit? Cette horrible doctrine n'eftoit-elle pas une matiere affez vafte pour fon zele? tout le monde luy auroit applaudi , & faute d'avoir pu demeurer dans ces justes bornes, n'a-t-il pas montré clairement que son dessein en composant le Libelle *de la nouvelle héresie,* n'a esté que de rétablir le Jansenisme dont il a la teste si remplie, qu'à propos, ou hors de propos, il faut absolument qu'il s'en explique ?

Mais aprés tout , me direz-vous, ce n'est pas là répondre sur les péchez commis faute de grace , ou, si vous aimez mieux, sans aucune bonne pensée ; sur les pechez commis dans l'ignorance & dans un entier oubli de Dieu. C'est sur cét article essentiel qu'il faut expliquer nettement les sentimens des Jesuites.

J'y consens, Monsieur, & c'estoit bien mon intention. Car il ne sera pas dit qu'un Dénonciateur d'héresies se soit oublié jusqu'au point de choisir justement ce qu'il y avoit de plus propre à le confondre, & qu'il n'ait pas esté confondu.

Vous sçaurez donc , Monsieur ,

que les Jefuites, de mefme que les Thomiftes, & tous les autres Theologiens orthodoxes, difent à l'égard de la grace néceffaire pour éviter le peché, qu'elle ne manque jamais à l'homme que par fa faute ; foit qu'il ait négligé de recourir à Dieu dans le befoin ; foit qu'il ait fermé l'entrée de fon cœur à toute forte de bonnes penfées par une longue opiniaftreté à les rejetter.

Mais vous ferez bien aife, je m'imagine, qu'on vous développe un peu plus au long ce qui regarde l'oubli de Dieu, & l'ignorance : car c'eft particulierement fur cela que l'Auteur du Libelle a infifté.

Pag. 11.
Pag. 17.
Pag. 22.
Pag. 28.

I. Les Jefuites diftinguent, aprés Saint Thomas & avec toute l'Ecole, trois fortes de pechez par rapport aux trois fources des déréglemens du cœur. Car pécher, felon eux, c'eft faire un choix déréglé ; fi-bien que le déréglement eft toûjours dans la volonté qui choifit : mais il vient, difent-ils, ou de négligence à s'inftruire, & alors on le nomme *peché d'ignorance*; ou de foibleſſe à réſiſter à la paſſion, ce qui s'appelle *peché d'infirmité*; ou enfin, d'une averſion que l'ame a de ſon devoir, & c'eſt le *peché de malice*.

Ils tiennent que le peché de malice eſt en ſoy le plus grand de tous, parce que rien ne l'excuſe; que cependant le peché d'infirmité (je ne dis pas de *pure fragilité* & de *ſurpriſe*) que le peché d'infirmité, dis-je, eſt tres-ſouvent mortel auſſibien que celuy d'ignorance , & que ces deux ſortes de pechez damnent les hommes le plus ordinairement : le peché de pure malice, qui s'appelle auſſi *diabolique*, faiſant horreur aux plus déréglez, au lieu que le peché d'infirmité les flatte , & que celuy d'ignorance les aveugle.

En vérité , Monſieur, comment ce premier principe s'accorde-t-il avec cette prodigieuſe multitude de crimes que nous ne traitons, dit-on, que de Pechez purement Philoſophiques , qui ne meritent point l'enfer ? Manquer à ce que l'on doit à Dieu pour avoir négligé de s'en instruire ou d'y faire attention, est un fort grand peché, disons-nous. Dieu est donc offensé dans les principes des Jesuites par ceux qui ne pensent point à luy.

II. Les Jesuites disent de plus, & c'est leur second principe, que l'ignorance ou l'oubli de Dieu, & de ses loix peut estre volontaire en deux façons, qui toutes deux sont criminelles : premierement, lors que le pecheur n'a pas fait ce qu'il pouvoit pour s'instruire ; secondement, lors qu'il a aimé ses ténebres, évitant de connoistre ses devoirs, parce qu'il ne vouloit pas les accomplir. Ils avoûent que la premiere de ces deux especes d'ignorance peut diminuër la faute du pecheur, & la rendre plus pardonnable que si elle eust esté commise de propos déliberé : mais ils soutiennent que la seconde, qui est l'ignorance affectée, par laquelle on éloigne de son esprit toute pensée de Dieu, donne au peché dont elle est

la caufe, un caractere d'impieté &
d'infolence, que le Saint Efprit nous
marque en ces termes : *Les impies
ont dit à Dieu, Retirez-vous de
nous ; nous ne nous mettons point en
peine de connoiftre vos voyes.*

Dixerunt
Deo, Recede
à nobis :
fcientiam
viarum tea-
rum nolu-
mus.
Job. 21.14.

Il me femble vous entendre dire,
Monfieur, que voilà le pecheur
Philofophique bien mal receû des
Jefuites, à qui on l'avoit adreffé
comme à fes fidelles protecteurs &
à fes uniques patrons : mais ce n'eft
pas encore tout.

III. Parce qu'un libertin, dites-
vous, alléguera qu'il luy eft impoffible de penfer à Dieu, lors que fa
paffion le tranfporte, & que luy feul
aprés tout eft témoin des mouve-
mens de fon cœur ; les Jefuites foû-
tiennent, ce qui eft en effet tres-
vray, que cette pretenduë impoffi-
bilité de penfer à Dieu eft une excufe frivole ; puis que l'Ecriture nous
reprefente ce Dieu de bonté, comme eftant toûjours à la porte de
noftre cœur, & y frappant dans les
occafions, quoy-que nous ne vou-

lions pas faire semblant de l'entendre : de sorte que l'oubli de Dieu ne sçauroit estre que volontaire, sur tout à l'égard du Chrétien. Ajoûtez que la passion qui le transporte, & qui l'empesche de penser à Dieu, est sans doute encore bien moins excusable, que l'yvresse volontaire, durant laquelle personne ne dira que les mauvaises actions qui se commettent, soient innocentes : car seroit-ce une bonne excuse que de dire qu'on n'estoit pas alors en pouvoir de les éviter?

Vous voyez, Monsieur, que pour détruire les ridicules suppositions de cét habile homme qui a mis si fort en œuvre son Peché Philosophique, il n'a pas esté necessaire aux Jesuites de s'épuiser en subtilitez : ce qu'il y a de plus commun & de plus simple dans leur doctrine, suffit pour couvrir de honte leur calomniateur. Mais écoutez en revanche une subtilité de sa façon, & jugez si l'on peut rien imaginer de plus fin.

Il veut à quelque prix que ce soit trouver un Peché Philosophique, sur tout parmi les Chrétiens (car c'est à quoy il s'attache.) & pour cela il suppose comme quelque chose de réel & de tres-ordinaire, ce que les Scholastiques supposent aussi à la vérité; mais avec cette différence, qu'ils le regardent comme un cas impossible. Il suppose, dis-je, un Chrétien instruit comme nous le sommes, qui sçachant que tout mal déplaist à Dieu, & pensant actuellement que ce qu'il fait est mal, n'a pas la moindre idée qu'il offense Dieu.

Dites-moy, Monsieur, avez-vous jamais entendu parler d'une chimere pareille à celle-cy? & ne faut-il pas que les ennemis des Jesuites soient bien passionnez & bien imprudens pour joindre ensemble deux choses si incompatibles? Il a fallu néanmoins en venir là, pour découvrir le Peché Philosophique dans nostre doctrine.

Mais qui vous a dit, reprendra icy quelqu'un, que le Pecheur Philofophique fonge qu'il fait mal ? Qui me l'a dit, Monfieur ? c'eft le faifeur de fuppofitions. Les Jefuites, felon luy, *donnent pour maxime qu'on ne fe doit croire coupable, que lors que l'on a connu que ce que l'on faifoit eftoit peché.* Il leur fait dire enfuite que le Peché Philofophique eft une action que l'on a commife fçachant bien qu'elle eftoit contraire à la droite raifon & au mouvement de la confcience : fans cela point de peché, non pas mefme philofophique. Ne m'avoûërez-vous pas, Monfieur, que c'eft de cette maniere qu'il fait raifonner les Jefuites ? Aprés cela, pour les obliger de reconnoiftre que le fils qui a empoifonné fon pere pour avoir fon bien, n'aura commis dans leurs principes qu'un fimple Peché Philofophique, il faut fuppofer (auffi le Dénonciateur le dit-il expreffément) que ce fils n'aura pas ignoré qu'il faifoit une tres-méchante action ; qu'il y aura penfé ; qu'il en aura eû du fcrupule ; & que parmi tout cela il ne luy fera venu nulle

Pag. 16.

Pag. 17.

idée, nul souvenir de la loy de Dieu, de sa bonté, de sa justice ; pas la moindre image de l'enfer, ni des autres véritez qu'il a apprises dés l'enfance. Concevez-vous cela, Monsieur ? Voilà sur quel fondement subsiste l'accusation qu'on nous fait d'avoir réduit presque tous les crimes des Chrétiens à la qualité de pechez purement philosophiques.

Véritablement on peut bien dire icy de nos ennemis ce que David disoit des siens, qu'à force de reser ver pour nous surprendre, ils se sont aveuglez eux - mesmes. Car pour peu qu'ils eussent esté capables de réflexion, comment auroient-ils pu ne pas voir que si la raison & la conscience parlent encore à un homme qui sçait le Christianisme, elles ne l'avertissent que trop que le parricide offense Dieu ? si bien que voilà un Peché Theologique : & qu'au cas qu'elles ne luy parlassent plus du tout, ce ne seroit pas mesme un Peché Philosophique, dans les principes que ces Messieurs nous attri-

Defecerunt scrutantes scrutinio. Ps. 63. 7.

buënt fauſſement. Donc, ſoit qu'on ait égard aux vrais fondemens de noſtre doctrine ; ſoit qu'on ſe les figure tels qu'ils paroiſſent dans l'Ecrit de nos accuſateurs, on ſera également convaincu qu'entre les Théologiens orthodoxes il n'y en a point qui ſoient plus éloignez que nous d'admettre, au moins parmi les fidelles qui ont appris le catechiſme, des Pechez purement Philoſophiques.

Vous me demanderez peut-eſtre *ce qu'a donc voulu dire le P. Bauny, que l'on cite comme ayant enſeigné que tout peché eſt une action faite avec connoiſſance du bien & du mal qu'elle renferme ? Ce que veut encore dire cette ignorance invincible qui excuſe tout-à-fait de peché, & que l'on défend dans la Compagnie comme une choſe tres-importante ?

Pour ce qui eſt du P. Bauny, la réponſe eſt bien aiſée, puis qu'on la trouve dans le paſſage meſme que ſon adverſaire a produit. Cét Auteur

Page 11.

Voyez Nov. héreſ. Pag. 52.

Pag. 11.

25

teur dit a la vérité, qu'afin qu'une action soit volontaire, il faut qu'elle procede d'un homme qui voye. Mais que ne prend-on garde à la maniere dont il explique luy-mesme, *qui voye* par *qui ait pû voir* ce qu'il y a de bien & de mal dans cette action. Voicy ses propres termes : *Avant que l'entendement*, AIT PÛ VOIR *s'il y a du mal à la vouloir, ou à la fuir, telle action n'est ni bonne ni mauvaise.* Qui est-ce qui ignore qu'en matiere de liberté, c'est un axiome de Morale, que *chacun est reputé sçavoir ce qu'il n'a tenu qu'à luy d'apprendre?* Il ne faut donc pas s'étonner que le P. Bauny & les autres Jesuites, aprés avoir une fois établi cét axiome, comme ils l'établissent tous, disent ensuite que pour agir librement il faut connoistre, c'est-à-dire, avoir esté en état de connoistre le bien ou le mal de l'action que l'on fait.

Mais cependant, me direz-vous, Saint Augustin a soutenu que pour commettre un peché, il suffit que

Bauny somme des pechez. Pag. 906.

Voyez nouv. héref. p. 11.

Voluntate facti, non voluntate peccati.

B

l'action soit volontaire, quoy-que le peché ne le soit pas.

Seroit-il juste, Monsieur, qu'autant de fois que des gens entestez s'aviseront de répéter des objections si souvent détruites, on fust obligé de recommencer toûjours à y répondre ; sur tout, lors que la réponse demande nécessairement plusieurs remarques & une longue dissertation ? En combien de manieres les Théologiens Catholiques ont-ils démontré par Saint Augustin mesme, contre Calvin & contre Jansenius, que dans tous ces endroits où le Saint Docteur nomme *peché* ce qui se fait par ignorance, ce n'est que d'une ignorance volontaire qu'il parle ; ou que si c'est quelquefois d'une ignorance involontaire, alors par le mot Latin *peccatum*, il n'entend qu'une action defectueuse qui de soy est seulement matiére de peché ?

Mais sans estre obligé d'appliquer au passage dont il s'agit les remarques & les argumens de ces défenfeurs de l'Eglife, je me contenteray de vous faire voir, Monfieur, par une preuve éclatante, l'oppofition qu'il y a entre Saint Auguftin & fon pretendu difciple.

Pour fe rendre coupable, dit ce-luy-cy, *il fuffit de faire volontaire-ment & avec advertence de raifon ce qui de fa nature eft peché, quoy-qu'on ne fçache pas qu'il foit peché.* Page 18.

Ecoutez maintenant Saint Au-guftin: *Eft-il abfolument impoffible de fe garantir de l'erreur? Si cela eft, il n'y a plus de pechez. Car qui eft-ce qui peche dans une action qu'il n'a nullement pu éviter?* De lib. arb. l. 3. c. 18. 19.

Et aprés : *Ce que l'on vous im-pute à peché*, dit-il à ceux qui s'ex-cufent fur ce qu'ils ne connoiffent point leurs devoirs, *n'eft pas l'igno-rance où vous eftes malgré vous ; mais voftre négligence à vous inftruire de ce que vous ne fçavez pas.... Car pour le mal que l'on fait fans le con-noiftre, & le bien que l'on omet mal-gré foy, faute de le pouvoir accomplir, cela ne s'appelle* P E C H E', *que parce que*

c'est l'effet du peché de la volonté plei-
nement libre d'Adam : de mesme , que
nous appellons langue Greque & La-
tine les paroles Greques & Latines
que la langue prononce : car c'est la
comparaison dont ce Pere se sert ensuite. Voyez, Monsieur, si personne
s'est déclaré plus hautement que
Saint Augustin contre cét insensé
paradoxe, que nulle ignorance de
nos devoirs n'excuse de peché.

Voilà cependant, si l'on en croit
l'Accusateur, à quoy il faut que les
Jesuites souscrivent, s'ils veulent de-
savoüer sincerement la nouvelle héresie : sur tout, il faut qu'ils con-
damnent toute ignorance du droit
naturel. C'est l'avis charitable qu'on
leur donne à la fin du Libelle. *Afin*
qu'on ne doute point, dit l'Auteur, que
ce desaveû ne soit sincere, il faut, mes
Peres, que vous alliez jusqu'à la sour-
ce du mal, & que vous souscriviez
à cette maxime du droit Canonique
fondée sur l'Ecriture & sur la tradi-
tion. IGNORANTIA *juris natura-*
lis omnibus adultis damnabilis est.

Page 52.

Can. turba-
tur c. 1. q. 4.
Voyez à costé

Etrange maxime des Canoniftes,
fi eux-mefmes ne proteftoient contre l'explication que le Janfenifte y
donne. Etrange maxime encore une
fois, fi elle déclaroit criminelle devant Dieu toute ignorance des re-
gles du droit naturel, lors mefme que
ce ne font que des conclufions fort
éloignées des premiers principes!
Combien de veritez pratiques écha-
pent à la pénétration des docteurs,
qui font néanmoins effectivement
autant de points de la loy naturelle?
Combien chaque jour a-t-on de
peine à convenir fur certains cas qui
ne fçauroient eftre décidez que par
les principes de cette loy ? & qu'elle
preuve plus convaincante qu'on ne
la connoift pas entierement ? Cependant nulle ignorance de ce qui
regarde cette loy n'excufe de peché, felon l'Auteur du Libelle ; & il
faut que les Jefuites reçoivent cette
maxime, à peine de paffer pour hérétiques. Qu'on la faffe donc aupa-
ravant déclarer faine dans les Uni-
verfitez Catholiques, dans l'école

de ce Canon les endroits où l'on ren-voye pour en avoir l'expli-cation. Vous y trouverez ces paroles : Cecy doit eftre entendu des perfon-nes qui ne daignent pas s'inftruire, ou de celles qui auroient pû aifément s'éclaircir en conférant avec les fça-vans. Gl. in Can, Qui ea.

B iij

de Saint Thomas, & dans celle de Scot ; qu'on la faffe approuver de nos Seigneurs les Prelats & du Saint Siege : aprés quoy on pourra preffer les Jefuites de figner ce nouveau formulaire. Mais avant cela qu'on ne croye pas que leur déference aux avis charitables aille jufqu'à fuivre celuy-cy. Deuft-on mille fois les traiter d'hérétiques au fujet de l'ignorance invincible, ils fe croiront toûjours fort à couvert de ce cofté-là, & ils ne devroient pas fe mettre en peine, s'ils n'avoient égard qu'à leurs propres interefts, de montrer combien leur doctrine en ce point eft éloignée de l'héréfie du Peché Philofophique ; puis que, de l'aveu mefme de Luther & de Janfenius, ils ont pour garants tous les Théologiens de l'Eglife Romaine ; je dis mefme tous ceux qui dans le refte font les plus oppofez à la doctrine des Jefuites.

Mais comme en accufant la Compagnie d'erreur à cét égard, c'eft l'Eglife Univerfelle qu'on accufe ;

31

ñous ne pouvons pas nous difpenfer
de nous défendre, en foutenant que
toute action commife contre une
loy qu'on n'a point connuë,& qu'on
n'a jamais pu connoiftre, n'eft ni une
offenfe de Dieu ni un peché contre la raifon. Nous avoûons donc
que tous nos Auteurs font de ce fen-
timent ; & fi l'héréfie du Peché Philofophique en eftoit une fuite neceffaire, nous ferions obligez de reconnoiftre qu'ils fe feroient trom-
pez. Mais en vérité, Monfieur, c'eft
bien fe tromper foy-mefme, que de
prétendre faire croire au monde que
ce qui rend une action innocente
à en juger par les lumiéres mefme
de la raifon naturelle, foit le principe du Peché Philofophique oppo-
fé effentiellement à la droite raifon.

Il ne refte donc plus, afin de juftifier les Jefuites fur ce dernier article, qu'à reprendre encore une fois
le raifonnement dont nous nous
fommes déja fervis,& qui termine-
ra en deux mots leur réponfe. Ce
qu'on leur attribuë, d'avoir réduit

B iiij

une grande partie des crimes qui se commettent à de purs Pechez Philosophiques , ne sçauroit estre entendu que de ce qu'ils disent, ou de l'ignorance & de l'oubli volontaires, ou de l'ignorance & de l'oubli involontaires; car il n'y a point de milieu. Or leur principe touchant l'oubli & l'ignorance volontaires, est que tous les pechez qui en naissent, ne sont point simplement Pechez Philosophiques, mais vrais Pechez Theologiques : & d'ailleurs leur principe touchant l'oubli & l'ignorance involontaires, est que, comme l'enseigne Saint Augustin , ni l'un ni l'autre ne conduit à aucun peché , non pas mesme Philosophique. Donc la plus grossiere imposture dont on pust s'aviser pour flétrir les Jesuites, est de les avoir fait auteurs du Peché Philosophique , à cause de ce qu'ils enseignent touchant l'ignorance & l'oubli.

C'estoit, Monsieur, ce que dans nostre premiere Lettre nous nous estions engagez de montrer, en difant que nous n'admettons dans la Compagnie aucun principe d'où l'héréfie du Peché Philofophique fe puiffe inferer par une legitime confequence, & que les principes receus de toute la Compagnie y font directement oppofez.

Nous avons avancé de plus, qu'il n'y a que dans ces principes que le Dénonciateur nous reproche, qu'on puiffe trouver de quoy refuter folidement & fans erreur la nouvelle héréfie. C'eft la derniere propofition qui me refte à vous prouver.

Il eft certain, & l'on en convient de part & d'autre, qu'aprés avoir rejetté les principes des Jefuites (fi toutefois on doit appeller ainfi les principes de tous les Théologiens Catholiques) il n'y a plus d'autre parti à prendre que celuy de Janfenius, dont la doctrine fur cecy confifte dans un feul point; fçavoir, que l'on offenfe toûjours Dieu en omettant ce que l'on a ignoré qu'il falluft faire; ou en faifant ce que l'on a ignoré qu'il falluft éviter.

B v

Que l'Accufateur des Jefuites fe foit ouvertement declaré pour cette doctrine, c'eft de quoy vous n'avez pas befoin d'eftre averti, Monfieur, vous qui avez leû fon Libelle. Seulement il eft bon de vous faire obferver que dans ce Libelle il va mefme audelà de Janfenius & des autres Novateurs, en ce qu'il n'éxempte de peché aucune forte d'ignorance, pas mefme celle du droit pofitif. Car tout fon raifonnement va à conclure, que ceux qui n'ont jamais entendu parler de Jefus-Chrift feront néanmoins coupables devant Dieu, de ce qu'ils n'ont point obfervé la loy Evangelique.

Voyez page 11. & fuiv.

J'avoûë qu'aprés avoir admis cette maxime on fera fort éloigné de l'erreur du Peché Philofophique. Mais, Monfieur, dites-moy je vous prie, vous fentez-vous capable de croire qu'une infinité non-feulement d'Infidelles mais encore de Chrétiens, feront damnez pour avoir ignoré des chofes qu'ils n'ont jamais pû fçavoir ?

Laiſſons, ſi vous voulez, l'ignorance involontaire des faits révélez &
non révélez ; laiſſons encore celle du
droit poſitif : bornons-nous à la loy
naturelle, & ſuppoſons que comme
elle a pluſieurs parties dont les con-
ſéquences ne ſont pas également
connuës de tout le monde, un homme aura crû de bonne foy qu'elle luy
preſcrivoit ce qu'au fond elle défend : je vous demande, Monſieur,
pouvez-vous vous perſuader qu'un
Dieu ſi juſte & ſi bon le puniſſe pendant toute l'éternité, pour avoir fait
ce qu'il croyoit en conſcience devoir faire ? Y auroit-il une tyrannie
pareille à celle-là ? & ſi la Religion
Chrétienne nous donnoit une telle idée de Dieu, ne luy ſeroit-elle
pas plus injurieuſe que l'idolatrie
meſme ?

Mais ſuppoſons, Monſieur, que
ce qui s'eſt fait dans une ignorance
abſolument involontaire ſoit un vé-
ritable peché. Il faut que ces Meſ-
ſieurs nous apprennent comment on
pourra l'expier par la pénitence, &

B vj

de quel remede on pourra uſer à l'avenir pour ne plus retomber dans un peché de cette eſpece. Car à quoy ſert, je vous prie, cét appareil de maximes terribles étalées avec tant d'affectation aux yeux du monde, ſi elles ne ſont propres qu'à troubler les ames, ſans pouvoir nous rendre ou plus réguliers ou plus ſaints?

Imaginez-vous donc, Monſieur, un homme du peuple, mais homme de bon ſens, qui frappé de ce qu'il a entendu lire dans le livre de *La Nouvelle Héreſie*, va trouver un de ces zelez Réformateurs de la
» Morale, & luy dit: Ayez pitié de
» moy, Monſieur; mon directeur ma
» trompé. A la verité il me recom-
» mandoit ſur toutes choſes de m'inſ-
» truire éxactement de mes devoirs,
» & d'y avoir une attention conti-
» nuelle, afin de ne me pas laiſſer ſur-
» prendre. Je luy ay quelquefois re-
» preſenté qu'un homme de ma ſorte
» ne ſçauroit avoir autant de lumiere
» qu'il en faudroit pour ne ſe mé-

prendre jamais; qu'il se rencontre «
dans la vie mille accidens, où les »
plus éclairez & les plus circons- «
pects font tort à leur prochain sans «
le sçavoir; qu'il y a d'autres occa- «
sions où estant obligé de se déter- «
miner sur le champ, & ne pouvant «
prendre conseil que de soy-mesme, «
on ne voit que précipice de part «
& d'autre; danger d'offenser Dieu «
en faisant une telle action, dan- «
ger en ne la faisant pas; qu'il faut «
néanmoins prendre son parti; mais «
qu'il peut arriver, qu'on aura choisi »
ce qu'il falloit éviter, bien qu'on «
ait agi dans la veüë de Dieu. A »
tout cela, mon directeur me répon- «
doit qu'une ame droite & sincere, «
appliquée à l'affaire de son salut, «
doit demeurer paisible & sans crain- «
te, lors qu'elle n'a, ni négligé d'ap- «
prendre la loy de Dieu, ni differé «
d'éxecuter ce qu'elle a crû y estre «
conforme. Voilà, Monsieur, la cau- «
se de mon malheur. Je suis perdu «
si vous ne me tirez de l'abysme. «
Dites-moy, s'il vous plaist, ce qu'il «

» faut faire : car à quelque prix que
» ce soit, je veux mettre ma conscien-
» ce en repos.

Quelle pourroit estre, pensez-vous,
la réponse du Janseniste (je parle
d'une réponse conforme aux principes du nouveau Libelle) sinon
» celle-cy ? Ce qu'il faut faire, mon
» frere, je vas vous le dire : C'est de
» vous reconnoistre coupable & di-
» gne de l'enfer ; c'est de pleurer, de
» gemir, de vous humilier devant
» Dieu, de passer les jours & les
» nuits dans les éxercices les plus ri-
» goureux de la pénitence ; mais par-
» dessus tout cela d'abhorrer les au-
» teurs d'un dogme qui vous aura sans
» doute précipité dans mille énormes
» pechez. J'en conviens avec vous,
» Monsieur : mais, helas, ce qui fait
» ma peine c'est de ne pouvoir ni les
» connoistre, ni les effacer. Car quel-
» que réflexion que je fasse, je ne sçay
» ni où, ni comment, ni combien de
» fois, ni en combien de manieres
» l'ignorance involontaire m'a fait pe-
» cher mortellement. Mais le plus

'39

grand mal n'eſt pas de ne les pou- «
voir connoiſtre tous ces pechez «
mortels : puis qu'enfin, s'il n'y avoit «
que cela, je pourrois m'en accuſer «
comme Dieu les connoiſt : ce qui «
m'accable eſt qu'il me paroiſt im- «
poſſible de les déteſter, & encore «
plus impoſſible de les éviter à l'a- «
venir. Comment donc en obtien- «
dray-je le pardon ? Car vous ſçavez «
mieux que moy, Monſieur, ce que «
j'ay leû, ce me ſemble, dans un de «
vos livres, que la contrition néceſ- «
ſaire à la rémiſſion des pechez n'eſt «
pas ſimplement une douleur, ou un «
deſaveu de quelque choſe qu'on «
voudroit n'avoir pas fait ; mais que «
c'eſt un aveu & une déteſtation de «
la mauvaiſe volonté avec laquelle «
on la fait. Or je ſens que bien «
loin d'avoir eû alors une mauvaiſe «
volonté, mes intentions eſtoient «
droites. Avec quelle ſincerité donc «
pourrois-je dire à Dieu : *Seigneur,* «
j'ay un vray regret d'avoir plus cher- «
ché à me ſatisfaire qu'à vous abéir ; «
moy à qui la conſcience rend té- «

» moignage, je vous jure, que je ne
» cherchois qu'à luy plaire ?

Que vous femble, Monfieur, du
difcours de ce Penitent au Confef-
feur Janfenifte ? Croyez-vous qu'il
fuft aifé à nos charitables donneurs
d'avis d'y répondre ? Pour moy,
j'en doute bien fort ; & voicy un
éxemple qui m'en fait encore plus
douter.

Un pere qui par malheur tuë fon
fils à la chaffe eft inconfolable. Il
ne peut pas cependant s'avoüer coupable d'homicide, ni regarder un
fi funefte accident comme un crime, puis que ce n'eft l'effet, ni
d'aucune imprudence, ni d'aucun
mauvais deffein.

Voilà au regard du repentir le
cas du Penitent dont je viens de
» parler. Je m'eftime bien malheu-
» reux, dira-t-il, d'avoir fait tant
» d'actions que la loy divine défend;
» mais je ne croy pas pouvoir dire
» véritablement qu'il y ait eû de ma
» faute.

Toute la réponfe que luy pour-

roit faire le directeur Janseniste,
seroit de l'exciter à la componction
dans la veûë du peché originel;
car c'est-là où ils en reviennent toûjours. Mais ne se moquent-ils pas
des Fidelles & de la Religion mesme, de réduire toute la contrition
du pecheur à demander pardon du
péché d'Adam?

Croyons néanmoins, puis qu'on le
veut ainsi, que l'homme dont je parle, est touché d'un vray repentir du
passé; que pourra-t-il promettre pour
l'avenir? De ne plus ignorer ce qu'il
ne sçauroit apprendre? Quelle folie
seroit-ce que celle-là? Tout ce
qu'un tel pecheur pourroit promettre sagement, seroit de travailler à
s'instruire. Mais c'est ce que celuy-
cy fait depuis long-temps; & mal-
gré tout cela, on l'asseûre qu'il est
coupable de l'enfer, pour n'avoir
pas rempli des devoirs qu'il a tas-
ché en vain de connoistre.

Vous comprenez donc, Monsieur,
que nul regret ne sçauroit estre sincere ni efficace, au regard de ce

que l'on appelle peché d'ignorance
involontaire, & que tous les pechez
de cette efpece feroient abfolument
irrémiffibles dans les principes du
Janfenifme.

Pour mieux pénétrer ces principes faifons encore une fuppofition.
Figurez-vous que deux ou trois de
ces Meffieurs les Réformateurs de la
Morale s'en vont prefcher l'Evangile aux peuples barbares. Il eft vray
qu'ils n'ont gueres de graces effica-
ces pour les Miffions du Japon ou du
Canada : mais que ne peut-on pas
s'imaginer pour éclaircir une verité ? Ce font de ces cas métaphyfi-
ques qui n'arrivent point, & qui ne
laiffent pas de faire comprendre des
chofes tres-réelles & tres-importan-
tes. Voilà donc ces nouveaux Mif-
fionnaires qui expliquent au peuple
tantoft la néceffité du Baptefme, tantoft les loix de l'amour du prochain,
un autre jour celles du mariage,
& ainfi du refte. A mefure qu'ils
inftruifent ces Barbares, & qu'ils
leur montrent clairement la fainteté

43

des choses que Jesus - Christ exige
de nous, plusieurs sont touchez de
Dieu, & demandent à conferer avec
les Predicateurs. Je n'avois pas con- «
ceû jusqu'icy, leur dira un de ces In- «
fidelles, que la polygamie fust un cri- «
me. Je pense mesme avoir entendu «
dire que les plus zelez serviteurs de «
vostre Dieu ont eû autrefois, aussi- «
bien que nous plusieurs femmes ; & «
cependant vous ne condamnez pas «
cela d'incontinence seulement, mais «
encore d'injustice. Pour moy, dira «
un autre, je croyois certainement «
qu'il y avoit de la charité à avan- «
cer de quelques jours la mort d'un «
vieillard ou d'un malade qui souffre «
cruellement sans espérance de gué- «
rison, & qui demande luy - mesme «
la mort en grace. «

Le discours de ces Infidelles,
Monsieur, ne semblera pas incroya-
ble à celuy qui aura leû ce que di-
vers Auteurs, & ce que les Saints
Peres mesme racontent de l'ignorance involontaire de quelques-uns
des premiers Chrétiens. Saint Au-

guſtin, ſur d'autres ſujets qu'il n'eſt pas neceſſaire de marquer icy, s'eſt ſervi d'un exemple que le Profeſſeur de Dijon, ou tout autre Jeſuite, n'auroit pas allégué impunément. Mais je reviens aux Infidelles. Jugez Monſieur, je vous prie, quelle idée leur donneroit de noſtre religion celuy qui leur répondroit en ces termes:

» Il eſt vray, Mes Freres, que vous ne
» ſçaviez pas que toutes les choſes
» dont vous venez de me parler fuſ-
» fent des crimes. Cependant pour
» les avoir faites vous méritez le feu
» éternel ? Ce que je vous dis-là eſt
» un des fondemens de noſtre loy. Loy
» cruelle, diroient-ils, qui veut qu'on
» luy obeiſſe ſans la connoiſtre ! Eſt-il
» croyable qu'une telle loy ſoit du
» vray Dieu ? Que voſtre Dieu excluë
» de ſon héritage tous les enfans d'un
» ſerviteur ingrat & rebelle; qu'il n'y
» admette que ceux de cette race qui
» auront eſté adoptez en ſon Fils, &
» régénerez par le Bapteſme : nous
» comprenons qu'il n'y a nulle injuſti-
» ce, nulle tyrannie en cela. Qu'il nous

45

menace, si vous voulez, des plus hor- «
ribles supplices, au cas que nous ne «
gardions point ses commandemens, «
maintenant qu'on nous les a décla- «
rez. Qu'il nous punisse encore, & «
mesme durant toute l'éternité, pour «
les actions que nous sçavions bien «
qui offensoient l'Auteur de la Na- «
ture, personne ne le doit trouver «
mauvais : mais qu'il nous ait déja «
condamnez à des flammes éternelles «
pour des choses que nous ne sça- «
vions pas luy déplaire, cela est-il «
d'un maistre équitable ? & aprés cela «
qui voudroit le servir ? «

Jugez, Monsieur, quel progrés feroit l'Evangile avec de tels Predicateurs, & si cette maniere de l'annoncer confirmeroit bien ce que les Peres de l'Eglise ont toûjours dit aux Payens, que la loy Evangelique n'a rien qui choque les principes du bon sens.

On dira peut-estre que tout ce que j'ay allegué jusqu'icy, suppose une ignorance involontaire, au moins de quelques points de la loy

naturelle, & que nos accusateurs soutiennent qu'il n'y en peut avoir;
qu'on ne se méprend à cét égard,
qu'autant que l'on veut bien se mé-
prendre; en un mot, que tous ceux
dont on vient de parler, sont des
gens qui ne disent pas vray, en ap-
portant pour excuse qu'il n'a pas
tenu à eux de s'instruire.

Quoy, Monsieur, les blasphema-
teurs, les parricides, les voleurs, les
impudiques, tous les scelerats de l'u-
nivers en seront crûs sur leur parole,
quand ils disent, Je ne pensois point
pour lors à Dieu; parce que leur té-
moignage est contre les Jesuites: &
les personnes les plus sinceres, les
plus attentives sur elles-mesmes, &
les plus pénétrées de la crainte de
Dieu, ne mériteront point qu'on les
croye; lors qu'elles protestent d'a-
voir recherché avec soin tout ce qui
pouvoit leur faire connoistre leurs
devoirs, & que cependant il leur
est arrivé de croire permis, ou mefme commandé, ce qui estoit défendu?

Mais puis qu'on ne veut pas que ces perſonnes-là diſent vray, ni que leur bonne foy rende innocente l'action qu'ils ont commiſe par erreur ou par ignorance : de quel crime nos ennemis accuſeront-ils les Peres & les Docteurs de l'Egliſe, qui ont ignoré que le menſonge eſt un peché, lors qu'on ne s'en ſert que pour faire plaiſir à un autre ? Car ſi l'ignorance du droit naturel eſt criminelle & inexcuſable dans toutes ſortes de perſonnes, combien l'eſt-elle davantage dans un Docteur, que dans un homme du peuple; ſur tout dans un Docteur qui rend ſes erreurs publiques, & qui en infecte le monde? Il faut donc voir quelle ſorte de peché auront commis ces grands hommes en ne comprenant pas que toute ſorte de menſonge eſt défendu par la loy de Dieu; en enſeignant aux autres à mentir, & peut-eſtre en agiſſant euxmeſmes ſelon leur maxime, lors qu'ils s'y ſont cru obligez pour ſauver les intereſts du prochain, ce qui arrive si souvent dans la vie. Il faut voir encore jusqu'où Saint Augustin aura offensé Dieu, en écrivant ce qu'il a écrit dans le livre *De Bono Conjugali* & que je m'abstiens de rapporter par respect pour ce grand Saint.

Cap. 1.

Ne vous paroist-il pas, Monsieur, qu'il en coustera cher au Dénonciateur, si l'affront qu'il veut faire aux Jesuites retombe sur Saint Augustin? Mais ce n'est pas tout. Jansenius, le grand & incomparable Jansenius, devient le plus criminel des hommes, si l'ignorance des principes de la loy naturelle ne peut estre exempte de peché. Vous sçavez, Monsieur, quelles ont esté ses erreurs touchant le libre arbitre de l'homme, & la possibilité des commandemens de Dieu : deux questions que la Nature décide elle-mesme, si nous en croyons Saint Augustin, mais deux questions aussi dont la décision est le fondement de toute la morale.

De duab. anim. c. 12.

L'Eglise a déclaré hérétique la doctrine

ctrine de l'Evefque d'Ypres, fans
prétendre toutefois que la cenfure
tombaft fur la perfonne de ce Prélat;
parce qu'il avoit foumis fon livre au
jugement du Saint Siege. Mais de-
quoy luy fert fa foumiffion, fi dans
une matiere auffi importante que
celle-là, fes erreurs ont efté volontaires? fi, non content de s'en gafter
l'efprit, il s'eft efforcé de les répan-
dre; s'il a travaillé vingt-deux ans
pour nous rendre tous héretiques,
que peut-on efperer du falut d'un
homme qui eft mort dans cét état?
Que fi l'erreur condamnée dans Janfenius n'a efté en luy que l'effet
d'une ignorance involontaire & invincible, d'abord il faudra qu'en fa
faveur les ennemis des Jefuites admettent une ignorance involontaire & invincible mefme des premiers
principes de la loy naturelle ; ce
qui va beaucoup audelà de tout ce
que nous avons jamais prétendu :
& puis on leur demandera enfuite, fi
l'ignorance où a efté Janfenius, a pû
rendre innocente l'action qu'il a fai-

C

te de publier une héréfie. Car en ce cas-là, il fera vray que l'ignorance du droit naturel excufe entiérement de peché, & à moins de cela il faudra damner fans rémiffion le chef mefme du parti qui nous traite d'héretiques parce que nous difons que nulle action commife par une ignorance involontaire ne peut eftre imputée à peché.

Voilà enfin , Monfieur, les Jefuites dégagez de leur parole, & je ne penfe pas que le Public aprés cela doute de leur foy. Il feroit peut-eftre plus en droit d'avoir pour fufpecte la créance de quelques perfonnes qui fe font déclarées fi hautement en faveur du Libelle de *La Nouvelle Héréfie*, fous prétexte de s'oppofer au relâchement & à la corruption des mœurs. Vous fçavez à quoy Jefus-Chrift veut qu'on diftingue les docteurs d'une vraye ou d'une fauffe Morale : *C'eft par leurs œuvres, dit-il, que vous les connoiftrez.* Tel fe déchaifne contre la probabilité, dont on ne pourroit fauver la conduite par la probabilité la plus large,

Mais il ne s'agit icy ni de la probabilité, ni d'aucun des Auteurs qui la défendent. Il ne s'agit point non plus de l'*Apologie des Casuiſtes* que quelqu'un a encore voulu nous reprocher à cette occaſion : la Compagnie deſavoûa ce livre dans le temps qu'il parut, & elle le deſavoûë encore tout de nouveau. Eſt-il poſſible qu'un procédé ſi net, & ſi contraire à celuy de nos accuſateurs, ne ſuffiſe pas pour découvrir à tout le monde de quel coſté eſt l'eſprit d'opiniâtreté & d'héréſie ! Je ſuis, Monſieur, &c.